사막에서는 낙타가 최고!

펴낸날 2019년 3월 28일 1판 1쇄
2022년 6월 22일 1판 2쇄
펴낸이 강진균
편집·디자인 편집부
마케팅 변상섭
제작 강현배
펴낸곳 삼성당
주소 서울시 강남구 선릉로 747 삼성당빌딩 9층
대표 전화 (02)3443-2681 **팩스** (02)3443-2683
출판등록 1968년 10월 1일 제2-187호
ISBN 978-89-14-02008-6 (73810)

본 저작물은 저작권법에 따라 보호를 받는 책이므로 무단 전재와 무단 복제를 금합니다.
※ 파본은 바꾸어 드립니다.

차례

낙타 이야기
사막에서는 **낙타**가 **최고!** ···6

판다 이야기
바둑이 아니고 **판다야** ···38

"용감한 낙타들아, 출발하자!"
주인아저씨의 말에 단봉이는 고개를 갸우뚱했어요.
"엄마, 왜 우리를 용감한 낙타라고 불러요?"
"우리는 넓고 넓은 사막을 거뜬히 지날 수 있거든."
아빠낙타도 목에 힘을 주며 말했어요.
"우린 사막의 훌륭한 짐꾼이란다."

낙타 이야기

사막에서는 낙타가 최고!

글 이봉 · 그림 강금향

새끼낙타

'왜 이렇게 등이 가렵지?'
아기낙타 단봉이는 등을 만져 보았어요.
"등이 가렵니? 혹이 생겨서 그렇단다."
엄마낙타가 흐뭇하게 말했어요.

낙타의 혹은 몇 개

낙타는 혹이 하나인 단봉낙타와 두 개인 쌍봉낙타로 나뉩니다. 쌍봉낙타는 단봉낙타보다 몸이 작아요.

단봉이가 울면서 집에 들어왔어요.
"친구들이 혹부리 물통이라고 놀려요."
"그건 물통이 아니라 영양분 창고란다."
"그래도 저는 싫어요."
"빨리 혹이 커져야 먼 곳까지 여행을 떠날 수 있단다."
엄마의 말에 단봉이는 여행을 가고 싶었어요.

낙타는 사막의 배

낙타는 사막지대의 교통수단으로 이용되며, 힘이 세서 500kg 정도의 화물도 지고 운반하는 천하장사랍니다.

"용감한 낙타들아, 출발하자!"
주인아저씨의 말에 단봉이는 고개를 갸우뚱했어요.
"엄마, 왜 우리를 용감한 낙타라고 불러요?"
"우리는 넓고 넓은 사막을 거뜬히 지날 수 있거든."
아빠낙타도 목에 힘을 주며 말했어요.
"우린 사막의 훌륭한 짐꾼이란다."

모래벌판과 모래산이 나타났어요.
"나, 안 갈래."
"단봉아, 발바닥을 보렴."
단봉이의 발바닥은 넓적하고 부드러웠어요.
발굽이 둘로 갈라져 있었고요.
"우리 낙타의 발은 모래땅을 걷기에 알맞단다."

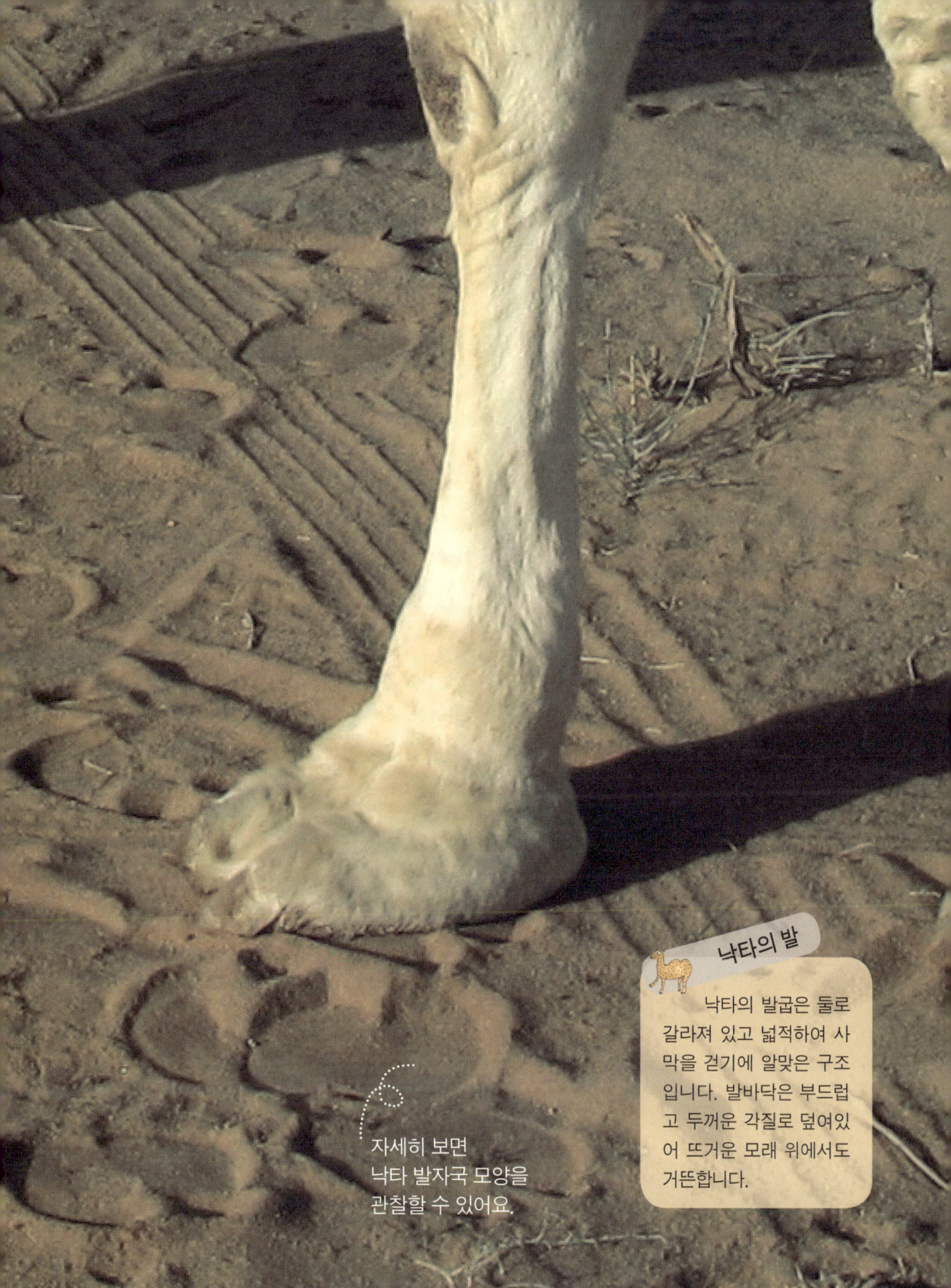

낙타의 발

낙타의 발굽은 둘로 갈라져 있고 넓적하여 사막을 걷기에 알맞은 구조입니다. 발바닥은 부드럽고 두꺼운 각질로 덮여있어 뜨거운 모래 위에서도 거뜬합니다.

자세히 보면 낙타 발자국 모양을 관찰할 수 있어요.

"후유, 덥구나!"
주인아저씨가 땀을 뻘뻘 흘렸어요.
"엄마, 우린 왜 땀을 안 흘려요?"
"우린 몸속의 물을 아낄 줄 알기 때문이란다."

신기한 낙타

몸의 수분을 최소한 사용하는 낙타는 땀도 최대한 적게 흘리고, 소변이나 대변을 통해서 내보내는 수분도 극히 적어요. 게다가 체온을 30~40도까지도 조절합니다.

가지고 온 식량이 바닥나자 개들이 돌아갔어요.
"엄마, 개들은 왜 돌아가는 거예요?"
"계속해서 사막을 걷다가는 목말라 쓰러지거든."
"우린 괜찮아요?"
고개를 끄덕이는 아빠, 엄마를 보고
단봉이는 어깨가 으쓱해졌어요.

낙타의 보물창고

낙타의 혹에는 지방을 30kg 이상 저장할 수 있고, 필요시 이를 물과 에너지로 분해하여 사용합니다. 그리고 체온을 조절하는데 중요한 역할도 하는데 이처럼 중요한 혹은 크기가 클수록 사막에서 더 오래 생존할 수 있게 해줍니다.

뜨거운 모래바람이 불어왔어요.
주인아저씨는 수건으로 입과 코를 가렸는데도
입 안과 코에 모래 먼지가 들어갔는지 쿵쿵거렸어요.

낮에는 50도 밤에는 20도 이하로 일교차가 매우 커요.

모래폭풍

건조한 사막은 낮과 밤의 기온차가 매우 큽니다.

밤이되면 뜨거운 공기가 먼지와 같이 위로 올라갑니다.

이때 서로 온도가 다른 두개의 공기가 부딪쳐 강한 바람이 생깁니다.

마을을 덮치는 모래폭풍

낙타의 코는 자동문

낙타는 자유롭게 콧구멍을 여닫을 수 있어 모래바람이 불면 콧구멍을 닫아 모래를 막아냅니다. 또한 긴 속눈썹은 눈을 보호해주고, 귀에 나있는 많은 잔털은 필터처럼 모래를 걸러주지요.

"아빠, 주인아저씨 코에는 왜 모래가 들어가요?"
아빠낙타가 콧구멍을 닫으며 말했어요.
"사람은 콧구멍을 닫지 못한단다."
하지만 낙타는 콧구멍을 열었다 닫았다 하면
모래 먼지가 들어오지 않아요.

"오른쪽에 물이 있다!"

아빠낙타의 말에 단봉이는 눈이 커졌어요.

"엄마, 물이 안 보여요!"

단봉이는 이리저리 두리번거렸어요.

엄마낙타가 앞서 가며 외쳤어요.

"곧 보일 거야. 우린 땅속의 물길도 찾아내거든."

사막 한가운데 생긴 거대한 오아시스

오아시스에 만든 도시

물이 풍부한 오아시스 주변은 사막에서 매우 중요한 곳이에요. 이곳을 중심으로 사람들이 모여들어 마을과 시장을 만들고, 따라서 교통도 편리하게 발달해요.

"오아시스다!"
모두 정신없이 물을 마셨어요.
십 분도 안 되었는데 물이 푹푹 줄었어요.
낙타는 빠른 속도로 많이 마시거든요.

밤이 되자 둥근 달이 떠올랐어요.
모두 천천히 달밤의 사막을 걸었지요.
사막의 밤은 매우 추웠어요.
하지만 용감한 낙타들은 춥지 않았어요.

바람이 불자 모래알들이 자꾸만 이리저리 옮겨 다녔어요.
단봉이는 모래바람이 불어도 두렵지 않았어요.
모래가 눈에 들어가지 않도록
긴 속눈썹이 막아 준다는 걸 알았거든요.
귓속의 털도 모래가 들어갈 틈을 주지 않았고요.

낙타의 눈과 귀

낙타의 긴 속눈썹은 눈을 보호해주고, 귀에 나 있는 많은 잔털은 필터처럼 모래를 걸러주지요.

"맛있는 나뭇잎이다!"
푸른 나무들이 눈에 들어왔어요.
낙타들은 한 나무에서 몇 잎씩만 뜯어 먹었어요.

"엄마, 왜 조금씩만 먹는 거예요?
배부르게 맘껏 먹으면 안 돼요?"
"다른 동물들이 먹을 것도 남겨 놓아야지.
나무 생각도 해야 하고."
단봉이는 엄마의 말에 고개를 끄덕였어요.

나는 초식 동물이야.
나는 사막의 어떤
식물이건 다 먹을 수 있어.

드디어 목적지에 도착했어요.
"수고했다. 물건 팔 동안 푹 쉬고 있거라."
주인아저씨가 칭찬을 했어요.
긴 여행으로 몸은 지쳤지만 마음은 흐뭇했어요.
단봉이는 등에 달린 혹이 자랑스러웠어요.
넓고 넓은 사막을 무사히 여행하게 해 준
보물 창고였으니까요.

궁금해 궁금해...

낙타는 어떻게 사막의 거센 모래바람을 이겨낼까요?

낙타는 옛날부터 사막 지역에서 생활하는 사람에게 이용되어 왔습니다. 다리가 길고 날렵하며, 두 개인 발가락은 걸을 때 땅에 닿는 면적이 매우 넓어 모래땅을 걸어 다니기에 알맞습니다. 그리고 발바닥 또한 두꺼워 뜨거운 사막을 걷기에 적합합니다. 또 콧구멍을 자유롭게 여닫을 수가 있고, 귀 주위의 털도 길어서 모래바람을 잘 막을 수 있습니다. 그래서 사막의 거친 환경에 적응해서 살아갈 수 있습니다.

오아시스는 어떤 곳인가요?

사막 지역 중 물이 지하로부터 솟아 나와 웅덩이를 이루어 인간이 정착해 살 수 있는 곳으로, 오아시스에서는 곡물, 면화, 대추야자, 포도 등이 재배됩니다. 일찍부터 사막을 지나는 상인들이 휴식을 취하거나 음식물을 보급, 물건을 사고파는 장소가 되어 왔습니다. 생기는 원인에 따라 분류하면 샘 오아시스, 하천 오아시스, 산록 오아시스, 인공 오아시스와 한대 지방에서 볼 수 있는 온난 오아시스 등으로 나누어집니다.

볼록한 낙타 혹에는 무엇이 들어 있나요?

혹시 물이 들어 있지 않을까요? 아닙니다. 낙타의 혹 속에 들어 있는 것은 물이 아니라 지방입니다. 낙타는 대부분의 다른 포유류와 달리 몸에 피하지방이 없습니다. 그 대신 지방을 담은 혹을 등에 달고 다니는 것입니다. 이 혹 때문에 낙타는 여러 날 동안 아무것도 먹지 않고 살 수 있습니다. 또 며칠 동안 물을 마시지 않고 사막을 지날 수 있는 것은, 혹 속에 들어 있는 지방을 분해하여 몸에 필요한 에너지와 물을 공급하기 때문입니다. 지방이 분해되고 수분이 빠져나가면, 볼록했던 낙타의 혹은 점점 작아집니다. 하지만 먹이를 먹고 영양을 섭취하면 다시 본래의 크기로 돌아옵니다. 수분을 공급하기 위해 물을 마실 땐 엄청나게 많은 양을 마십니다. 보통 10분 동안 120리터의 물을 마신다고 하니, 마신다는 말보다는 쏟아 넣는다는 말이 어울립니다.

사막식물 물을 많이 필요로 하지 않는 국화과 식물이나 선인장이 잘 자랍니다.

판다 이야기
바둑이 아니고 판다야

글 이동렬 · 그림 문미란

그렇게 한참을 걷던 바둑이는 깜짝 놀라 걸음을 멈췄어요.
눈앞에 자기보다 더 큰 바둑이 한 마리가 있었어요.
바둑이는 지친 것도 잊은 채 큰 바둑이를 향해 달려갔어요.
"멍멍, 반가워! 너도 나와 같은 점박이 강아지구나."

우리 집 강아지의 이름은 '마루'예요.
하지만 사람들은 '바둑이'라고 불러요.
털에 검은 점과 흰 점이 바둑무늬 모양으로
뒤섞여 있기 때문이에요.

어느 날, 바둑이는 이웃에 사는 검둥이네 집으로 놀러 갔어요.
온통 검은 털이 나 있어서 검둥이라 불리지요.
"멍멍, 반가워! 우리같이 놀까?"
하지만 검둥이 형제들은 바둑이와 놀아 주지 않았어요.
"흥! 검둥이가 아니면 같이 안 놀아. 저리 가지 못해!"

바둑이는 무서워서 그곳을 피해 흰둥이네를 찾아갔지요.
하지만 흰둥이 형제들도 마찬가지였어요.
"우리와 다르게 생기면 절대로 안 놀아!"
바둑이는 너무 슬퍼 눈물을 흘렸지요.
바둑이는 혼자 있고 싶어서 산길로 올라갔어요.

그렇게 한참을 걷던 바둑이는 깜짝 놀라 걸음을 멈췄어요.
눈앞에 자기보다 더 큰 바둑이 한 마리가 있었어요.
바둑이는 지친 것도 잊은 채 큰 바둑이를 향해 달려갔어요.
"멍멍, 반가워! 너도 나와 같은 점박이 강아지구나."

"멍멍, 내 이름은 '마루'야.
네 이름이 뭐니?"
"내 이름? 내 이름은 '판다'야!"
"멍멍, 판다라고? 강아지 이름치고는 좀 이상한걸."
"나는 강아지가 아니고 판다라니까!"
"판다가 뭔데?
너처럼 동글동글하고 큰 바둑 곰을 판다라고 부르니?"
"아니야."

판다

대왕판다라고도 하며 지구상에 2,000여 마리밖에 남지 않은 멸종 위기 동물입니다. 몸길이는 120~150cm 체중은 70~160kg이며 중국을 상징하는 대표적인 동물입니다. 2014년 중국의 시진핑 주석이 우리나라에 방문, 공동연구 목적으로 2마리를 선물해 세계에서 14번째 판다를 가진 나라가 되었습니다.

"그러면 너는 곰이 아니니?"
"어! 나는 그냥 판다일 뿐이야."
판다는 자기 말을 이해하지 못하는
바둑이가 답답했어요.
"그래, 알겠어!
판다야, 난 친구가 없어서 무척 외로워.
내 친구가 되어 줄래?"
"음. 그래 알았어."
판다는 고개를 끄덕였어요.

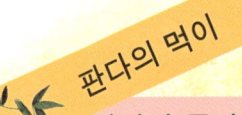 판다의 먹이

판다가 좋아하는 먹이는 대나무와 조릿대입니다.

하루에 12시간 동안 약12kg을 먹으며

먹이가 부족하면 설치류와 물고기를 잡아먹기도해요.

그때 바둑이의 배에서 꼬르륵 소리가 났어요.
"판다야, 나 지금 몹시 배가 고파. 먹을 것 좀 줄 수 있니?"
"저런! 여기 맛있는 대나무 잎이야. 어서 먹어봐."
그러자 바둑이가 몹시 난감한 표정으로 말했어요.
"나보고 이런 걸 먹으라고? 이것을 어떻게 먹어?"

조릿대

대나무 잎을 먹는 판다

"너는 이걸 먹어본 적이 없구나.
우리는 대나무 잎을 먹고 살아. 얼마나 맛있는데."
"정말? 매일 이런 걸 먹고 산단 말이야?"
"버섯, 나무뿌리, 풀, 곤충도 먹지만
제일 많이 먹고 좋아하는 건 대나무 잎이란다."
판다는 오히려 바둑이가 이상하다는 듯이 쳐다보았어요.

"그럼, 대나무가 있는 곳이면 어디나 살겠구나?"
"그건 아니야. 대부분 중국의 서쪽 높은 산 속에서 살아.
그곳이 우리가 살기에 알맞거든.
우린 천여 마리밖에 안 남은 아주 귀한 동물이야."

판다는 얘기를 하다 말고 갑자기
큰 나무에 오르기 시작했어요.
"판다야 멈춰! 그러다 떨어지겠어."
"걱정하지 마. 이래 보여도 우리는 나무타기 선수라고."
판다는 나무 위에 올라가더니 그대로 쿨쿨 낮잠을 잤어요.

판다는 대식가?

대나무에는 많은 영양소가 있지만 단단한 섬유질 때문에 소화시키기가 매우 어렵고 이 때문에 판다는 대나무에 포함된 영양소의 거의 대부분을 그대로 대변으로 배설하므로 많은 양을 먹어야 몸에 필요한 영양소를 겨우 얻을 수 있어요.

바둑이는 씨앗과 애벌레를 먹었지만, 여전히 배가 고팠어요.
잠에서 깬 판다는 또 대나무를 먹었어요.
"자기 전에 먹고 또 먹어? 그러다가 배탈 날지도 몰라."
바둑이가 대나무를 빼앗으며 말렸어요.
"우리는 되새김질을 하지 않기 때문에 많이 먹어야 해."
"그게 무슨 말이야?"
"우리는 먹은 것을 반의반밖에 소화하지 못하거든.
그래서 자꾸 먹는 거야."

"바둑아, 아직도 배고프지? 조금만 기다려."
판다는 개울에서 바둑이를 위해 가재와 개구리를 잡았어요.
바둑이는 가재와 개구리를 아주 맛있게 먹었어요.

판다의 서식지 중 하나인 티베트의 풍경

중국

티베트
칭하이
쓰촨성
후난성

판다가 살던 곳

판다는 대나무가 풍부하고 기후가 서늘한 중국 서부 산악지대와 티베트의 동부에 있는 해발 2,000~4,000m의 높은 산에서 살고 있었지만, 지금은 보호구역에서 살고 있어요.

"근데 판다야 네 친구는 어디 있니?"
바둑이는 궁금한 게 많았어요.
"친구? 없어. 우리는 늘 혼자 돌아다니며 살아."
"그래? 그럼 네 가족이나 형제들은 어디 있니?"
"판다는 새끼를 두 마리 이상 낳지 않기 때문에
가족이 아주 소중해.
동생이 있었지만, 지금은 어디 있는지 몰라."
판다는 눈물을 흘렸어요.

바둑이와 판다는 아주 오래 사귄 친구처럼
서로 몸을 기대고 잠을 잤어요.
한참 후 잠에서 깬 바둑이는 심심했어요.
그래서 큰 소리로 노래를 불렀어요.
그러자 판다도 따라 불렀어요.
판다의 목소리는 마치 새 소리 같았어요.

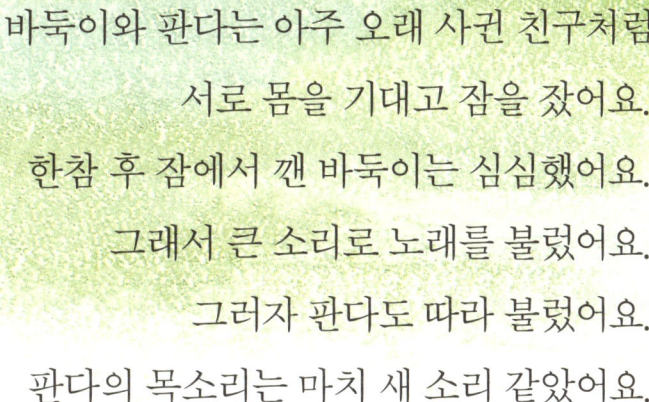

판다의 울음소리

최근 중국 쓰촨성 판다 보호구역에서 전문가들이 20여 종의 판다 울음소리를 해독해냈어요. 판다도 사람처럼 소리로 의사 표현을 하며 소리의 크기로 기분을 표현한답니다. 판다가 흔히 내는 소리는 개, 고양이, 소, 양의 소리와 흡사합니다.

둘이 같이 노래를 부르자
바둑이는 외롭지 않았어요.
그래서 더 크게 노래를 불렀지요.
판다도 신이 나서 더 큰 소리로 노래했어요.
해 지는 노을을 바라보며 바둑이와 판다는
서로 얼굴을 맞대고 오랫동안 합창을 했어요.

궁금해 궁금해...

판다는 어떻게 생겼나요?

판다가 사는 모습에는 우리가 상상하지 못 할 만큼 신기한 데가 많습니다. 판다는 하루에 16시간이나 잠을 자는데, 이렇게 잠을 많이 자는 동물은 판다 이외에는 찾아볼 수가 없습니다. 또한 똥에서는 구린 냄새가 나지 않고 달콤한 냄새가 나는 동물도 판다 이외에는 없습니다. 판다는 어른이 되면 키가 120~150cm, 몸무게 100~160kg, 어깨까지의 높이는 65~75cm까지 자랍니다. 3, 4년 정도 지나면 어른이 되고, 봄에 짝짓기를 하는데, 4~5개월간의 임신 기간을 거쳐 한 번에 한두마리의 새끼를 낳습니다.

판다는 어떤 기후에서 살고 있나요?

판다는 몹시 춥거나 더운 것을 싫어해서 겨울과 봄은 해발 3,000미터 이하의 장소에서 지내고, 여름과 가을에는 높은 산으로 들어갑니다. 이렇게 계절 따라 사는 장소를 옮기며 체온을 조절할 수 있는 판다는 겨울잠을 자지 않습니다.

판다는 무엇을 먹고 살아요?

판다는 죽순, 참대, 오죽 따위의 줄기, 잎, 조릿대류 등을 먹고 삽니다. 대나무는 지름이 3cm 정도나 되는 굵은 것도 잘 발달한 어금니로 간단히 깨물어 부서뜨립니다. 식육목에 속하는 동물이면서도 거의 완전한 초식 동물로 알려져 있습니다. 그러나 쥐와 같은 작은 설치류나 물고기, 새도 잡아먹는다는 보고도 있습니다. 다만 동물원에서의 판다가 고기를 먹는 경우는 없다고 합니다.

대나무 볏과 식물 중 가장 크며, 줄기가 꼿꼿하고 속은 텅비어 있으며, 아시아 열대 지방에 많아요.

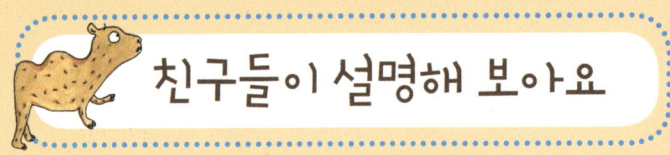

 사막에서 볼 수 있는 것을 골라보세요.

판다가 살던 곳을 읽어볼까요?